Na Ubook você tem acesso a este e outros milhares de títulos para ler e ouvir. Ilimitados!

Audiobooks Podcasts
Músicas **Ebooks Notícias**
Revistas Séries & Docs

Junto com este livro, você ganhou **30 dias grátis** para experimentar a maior plataforma de audiotainment da América Latina.

Use o QR Code

OU

1. Acesse **ubook.com** e clique em Planos no menu superior.

2. Insira o código **GOUBOOK** no campo Voucher Promocional.

3. Conclua sua assinatura.

ubookapp

ubookapp

ubookapp

Paixão por contar histórias

FRIDA

A biografia ilustrada de Frida Kahlo

— Escrito por —
Susan B. Katz

— Ilustrado por —
Ana Sanfelippo

© 2019, Callisto Media
Copyright da tradução © 2020, Ubook Editora S.A.

Publicado mediante acordo com Callisto Media, Inc.
Edição original do livro, *The story of Frida Kahlo: A biography book for new readers*, publicada por Callisto Media.

Todos os direitos reservados. Nenhuma parte deste livro pode ser utilizada ou reproduzida sob quaisquer meios existentes sem autorização por escrito dos editores.

COPIDESQUE	Vânia Cavalcanti
REVISÃO	Lígia Alves / Raquel Novaes
ADAPTAÇÃO DO PROJETO GRÁFICO	Angela Navarra
ADAPTAÇÃO DE CAPA	Bruno Santos

Dados Internacionais de Catalogação na Publicação (CIP)
(Câmara Brasileira do Livro, SP, Brasil)

Katz, Susan B.
Frida : a biografia ilustrada de Frida Kahlo / Susan B. Katz ; tradução UBK Publishing House ; [ilustração Ana Sanfelippo]. -- Rio de Janeiro : Ubook Editora, 2020.

Título original: Frida
ISBN 978-65-5875-040-6

1. Kahlo, Frida, 1907-1954 - Literatura infantojuvenil 2. Literatura infantojuvenil 3. Livros ilustrados para crianças 4. Pintoras - México - Biografia - Literatura infantojuvenil I. Sanfelippo, Ana. II. Título.

20-47354   CDD-028.5

Índices para catálogo sistemático:
1. México : Pintoras : Biografia : Literatura infantil 028.5
2. México : Pintoras : Biografia : Literatura infantojuvenil 028.5

Cibele Maria Dias - Bibliotecária - CRB-8/9427

Ubook Editora S.A
Av. das Américas, 500, Bloco 12, Salas 303/304,
Barra da Tijuca, Rio de Janeiro/RJ.
Cep.: 22.640-100
Tel.: (21) 3570-8150

Este livro é dedicado a artistas como minha mãe, Janice Katz, e meu sobrinho Jacob Katz. Que a cor continue a "despertar a felicidade dentro de vocês", como diz Jacob — e como aconteceu com Frida.

SUMÁRIO

CAPÍTULO 1 — Nasce uma artista → 8

15 ← **CAPÍTULO 2** — Os primeiros anos

CAPÍTULO 3 — Uma vida salva → 22

28 ← **CAPÍTULO 4** — Viajantes pelo mundo

CAPÍTULO 5 — A vez de Frida brilhar → 35

42 ← **CAPÍTULO 6** — A fama encontra Frida

CAPÍTULO 7 — Uma lutadora até o fim → 48

55 ← **CAPÍTULO 8** — Mas, afinal... Quem foi Frida Kahlo?

GLOSSÁRIO → 62

64 ← AGRADECIMENTOS

BIBLIOGRAFIA → 65

CAPÍTULO 1
NASCE UMA ARTISTA

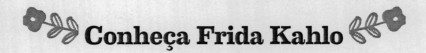

Conheça Frida Kahlo

Frida Kahlo não foi uma criança comum. Ela era muito doente e passava muito tempo em casa, de cama. As irmãs de Frida iam para a escola, então ela sempre ficava sozinha. Era quando sua imaginação ganhava vida! Frida inventou um amigo imaginário. Ela imaginava os dois fugindo pela janela para um mundo de fantasia, onde dançavam e brincavam juntos. Então, Frida começou a desenhar as histórias que imaginava. Em pouco tempo, uma artista nasceu!

Enquanto crescia, Frida enfrentou diversos desafios. Muitas coisas em sua vida mudaram, mas sua incrível imaginação permaneceu a mesma. Isso a ajudou a se tornar uma das mais famosas representantes da arte mexicana de todos os tempos.

Frida passou grande parte de sua vida doente e sentindo dor. A pintura era o meio dela mostrar como se sentia e de compartilhar seus pensamentos com o mundo. Ela amava seu país e usava muitos **símbolos** da cultura mexicana em suas pinturas. Frida gostava de usar flores para se enfeitar

MOMENTO DE REFLEXÃO

Como você acha que a arte ajudou Frida a se expressar? De que maneira a arte faz a diferença no mundo?

e vestidos esvoaçantes. Ela tinha muitos bichos de estimação: cães, um veado e até mesmo macacos-aranha! Frida amava os animais, por isso eles aparecem em muitas de suas pinturas.

Ela era forte e independente. Nasceu no início dos anos 1900, e naquela época poucas mulheres eram consideradas artistas de fato. Mas isso não deteve Frida. As mulheres também não costumavam trabalhar fora de casa, cursar o ensino médio ou viajar. Frida fez tudo isso e muito mais!

> " Pintar completou minha vida. "

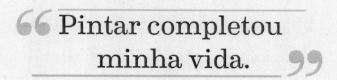

O México de Frida

Frida Kahlo nasceu no México em 6 de julho de 1907 e foi batizada com um nome muito longo: Magdalena Carmen Frida Kahlo y Calderón. Sua família a chamava de Frida. Ela amava seu país por sua gente bonita, comidas deliciosas, festivais coloridos e montanhas altas.

À medida que foi ficando mais velha, Frida percebeu que havia alguns problemas com o **governo** do México. O líder do país não ouvia o que

o povo queria. A **Revolução Mexicana** estava começando. As pessoas marchavam nas ruas. Algumas vezes Frida e sua mãe ofereceram a casa em que moravam, a Casa Azul, para os soldados se alimentarem e descansarem um pouco da guerra. Frida ouvia os soldados falarem sobre como a vida era injusta para os trabalhadores. Ela decidiu que queria ajudar a construir uma sociedade justa para todos.

O pai de Frida, Guillermo Kahlo, era um **imigrante** judeu húngaro-alemão. A mãe dela, Matilde Calderón y González, era uma mexicana de origem espanhola e nativa americana.

Frida tinha muito mais proximidade com seu pai. Ele era fotógrafo e pintor. Assim como a filha, ele amava a arte e os animais. Guillermo era muito carinhoso com Frida quando ela estava doente e a amava muito. Ela sempre se sentiu a filha favorita. Guillermo a deixava usar as tintas e os pincéis dele. Os pais dela até mandaram fazer um cavalete especial para que Frida pudesse pintar mesmo estando de cama!

O caminho de Frida para a fama foi longo e surpreendente. Ao longo dessa jornada ela conheceu um artista famoso e se casou com ele. Mais tarde, ela fez suas próprias **exposições** de arte! Vamos descobrir como Frida se curou da doença e alcançou o sucesso.

QUANDO?

Crescendo em Coyoacán, no México

Frida nasceu em *La Casa Azul,* a Casa Azul. A casa de Frida era muito especial para ela porque foi seu pai que a construiu e pintou. Ficava em Coyoacán, um vilarejo perto da Cidade do México. Frida viveu a maior parte de sua vida lá.

Com 6 anos de idade, Frida contraiu uma doença chamada **poliomielite**. A menina tinha febre alta e sentia cansaço o tempo todo. Ela precisou ficar de cama por meses. Por causa da poliomielite, a perna direita de Frida doía e ficou mais curta e mais fina que a esquerda. As outras crianças zombavam dela por isso. Elas a chamavam de Frida *Pata de Palo,* Perna de Pau. Ficar em casa por causa da doença a entristecia, mas mesmo assim ela se sentia feliz por passar tanto tempo com seu pai.

Quando ela melhorou, Frida e o pai viajaram juntos. O governo mexicano queria que Guillermo tirasse fotografias por todo o México. Em suas viagens, o pai de Frida a ensinou a desenhar pessoas e a natureza. A

imaginação dela voava alto! Após cada viagem, Frida corria de volta ao seu quarto para desenhar toda a beleza que tinha visto antes que se esquecesse. Ela colocava

MOMENTO DE REFLEXÃO

Por que os animais fazem as pessoas se sentirem bem?

em seus desenhos símbolos como pombas e a bandeira mexicana feita de *papel picado,* bandeirinhas coloridas com recortes internos, muito usadas para decorar festas no México.

O amor de Frida pela natureza a fazia trazer todos os tipos de insetos e animais para dentro da Casa Azul. Sua mãe não gostava nada disso, mas o pai encorajava sua curiosidade.

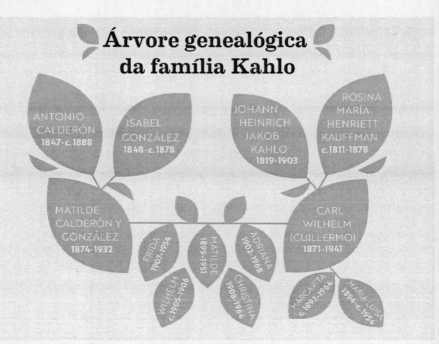

Árvore genealógica da família Kahlo

ANTONIO CALDERÓN 1847-c.1888
ISABEL GONZÁLEZ 1848-c.1878
JOHANN HEINRICH JAKOB KAHLO 1819-1903
ROSINA MARÍA HENRIETT KAUFFMAN c.1811-1878

MATILDE CALDERÓN Y GONZÁLEZ 1874-1932
CARL WILHELM (GUILLERMO) 1871-1941

FRIDA 1907-1954
MATILDE 1899-1951
ADRIANA 1902-1968
WILHELM c.1905-1906
CHRISTINA 1908-1964
MARGARITA c.1892-1964
MARÍA LUISA 1894-c.1954

Às vezes, depois de olhar através de um **microscópio**, Frida pintava o que tinha visto de perto. Insetos grandes ficavam muito legais nas suas telas!

O sonho de ser médica

Frida era uma ótima aluna. Tanto que foi aceita no melhor colégio da Cidade do México. Poucas garotas eram convidadas para a Escola Preparatória Nacional.

Frida era uma das únicas 35 meninas em uma escola com mais de 2 mil meninos! Ela queria ser médica, mas muitas vezes se comportava mal na aula. Frida gostava de pregar peças nas pessoas e chegou a ser expulsa da escola!

Enquanto Frida estava no ensino médio, a Revolução Mexicana continuava a crescer. Quando teve idade suficiente, ela se juntou à luta do povo com alguns amigos e Alejandro Gómez Arias, seu namorado. Os amigos dela também gostavam de ler e conversar sobre livros importantes.

MITO & FATO

A arte de Frida era conhecida apenas no México.

Ainda em vida, Frida teve sua arte exibida em Paris, Nova York e São Francisco. Ela não demorou a ficar mundialmente famosa.

Muitos artistas eram convidados a criar, nas escolas, pinturas gigantescas nas paredes, chamadas murais. Os murais mostravam o que estava acontecendo no México naquele tempo. A maior parte dos artistas era formada por homens. Em 1922, quando Frida tinha 15 anos, um famoso artista mexicano chamado Diego Rivera foi à sua escola para pintar um mural. Frida até pregou uma peça nele!

Passar sabão na escada que ele estava usando foi o jeito estranho de Frida mostrar a Diego que ele era o *crush* dela!

QUANDO?

- Frida contrai poliomielite. — **1913**
- Frida começa a frequentar a Escola Nacional Preparatória. — **1922**
- Frida conhece Diego Rivera na escola. — **1922**

Mudança de rumo

Frida ia e voltava da escola em um velho ônibus de madeira. Em 17 de setembro de 1925, quando tinha 18 anos, ela e Alejandro estavam no ônibus quando um acidente aconteceu. Frida ficou gravemente ferida e quase morreu. O acidente a obrigou a ficar de cama novamente por meses. Ela passou por 32 cirurgias e ficou com o corpo inteiro engessado! Os médicos pensaram que ela nunca mais voltaria a andar, isso se por acaso sobrevivesse.

Era muito frustrante ficar de cama por tanto tempo. Tudo o que Frida tinha era sua imaginação e sua arte. Felizmente, ambas estavam mais fortes do que nunca. Frida começou a desenhar borboletas coloridas no gesso que estava em seu corpo. Ela também fazia pinturas em seus pés. Isso era tudo o que ela conseguia ver! Mais tarde, seus pais lhe deram um cavalete e colocaram um espelho acima da cabeça dela. Frida começou pintando **autorretratos**, ou pinturas de si mesma.

Ela dizia que pintava a si mesma porque estava tão sozinha que se conhecia melhor do que qualquer outra pessoa ou qualquer outra coisa. Seu primeiro trabalho real de pintura foi batizado de *Autorretrato com vestido de veludo*.

Ela usava a arte para expressar sua tristeza e sua dor. Quando estava triste, as cores e os objetos em suas pinturas eram sombrios, soturnos e, às vezes, assustadores. Quando estava feliz, as pinturas eram brilhantes e alegres. Frida se sentia bastante infeliz, e mostrava isso com sua arte. Um dia, ela surpreendeu sua família e os médicos ao reaprender a andar!

> Não estou **doente**. Estou triste. Mas fico **feliz por estar viva**, desde que eu possa **pintar**.

O acidente deixou Frida com muitos ossos quebrados, o que mudou a aparência de seu corpo. Ela sentia dores o tempo todo e mancava ao caminhar. Frida começou a usar vestidos longos para cobrir o corpo. Ela também usava blusas de gola alta para cobrir o colar ortopédico que sustentava seu pescoço.

Frida vestia-se desse jeito para cobrir seus ferimentos, mas seu estilo único, a "moda Frida", tornou-se tão famoso como sua arte.

O reencontro com Diego

Frida ainda estava muito interessada na Revolução Mexicana. Ela conheceu um novo grupo de amigos que gostavam de falar sobre **política**, arte e livros. Frida ia a muitas festas com eles. Ela usava uma estrela em seu casaco como um símbolo da Revolução.

Em uma dessas festas, Frida reencontrou Diego Rivera. Alguns dias depois, ela pediu a ele que olhasse suas pinturas e desse uma opinião honesta sobre seu trabalho. Diego gostou muito do que viu e começou a ensinar mais sobre pintura para ela. Diego era quase vinte anos mais velho do que Frida. Mesmo assim, depois de passar algum tempo juntos, eles

---

MOMENTO — DE — REFLEXÃO

Algumas vezes, quando coisas ruins acontecem, coisas boas podem vir junto com elas. Você consegue se lembrar de situações em que isso aconteceu na sua vida ou na história?

se apaixonaram. Em 21 de agosto de 1929, os dois se casaram. Os pais de Frida não aprovaram o casamento. Eles disseram que era como um elefante se casando com uma pomba.

Depois do terrível acidente, Frida partiu para aventuras emocionantes como artista e como esposa de um famoso muralista. Ela nem imaginava o que sua nova vida ofereceria. Frida teria a chance de viajar para diferentes países, conhecer muitas pessoas interessantes e até mesmo exibir sua própria arte!

QUANDO?

1925	1928	1929
Frida sofre um acidente. Ela começa a pintar.	Frida reencontra Diego em uma festa.	Frida e Diego se casam.

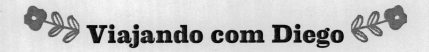

Viajando com Diego

Depois que Frida e Diego se casaram, ela passava a maior parte do tempo aprendendo a cozinhar as comidas favoritas do marido e ajudando-o a se preparar para longos dias de pintura. Em pouco tempo ela parou de trabalhar em sua própria arte. Naquela época, era esperado que as esposas colocassem as necessidades de seus maridos em primeiro lugar.

Em 1930, Diego foi convidado a pintar alguns murais em São Francisco, na Califórnia. Frida viajou com ele. Lá, o casal era convidado para muitas festas sofisticadas à noite. Durante o dia, Frida ficava sozinha enquanto Diego estava pintando. Ela não se sentia em casa nos Estados Unidos. Ao contrário, sentia muita falta do México e de sua família. Diego, por outro lado, estava desfrutando de sua fama em São Francisco. Ele e Frida brigavam frequentemente sobre ficar nos Estados Unidos ou voltar para o México.

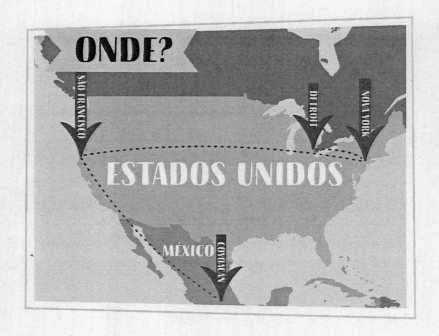

Já tinham se passado muitos anos desde o acidente de ônibus, mas a perna de Frida ainda doía muito. Em São Francisco, ela conheceu um médico chamado Leo Eloesser. Eles se tornaram amigos rapidamente. O dr. Eloesser tratou as dores de Frida. Então, ela finalmente pôde voltar a pintar. Ela pintou *Frieda e Diego Rivera*, um retrato dela e do marido no dia de seu casamento. O quadro mostra Diego segurando sua paleta e pincéis. Na pintura, ele é muito maior do que ela. A obra parece expressar a solidão de Frida. A Sociedade de Mulheres Artistas de São Francisco

adorou a pintura e a incluiu em sua sexta exposição anual. Foi o primeiro trabalho de Frida a ser exibido ao público!

Uma ponte entre lares

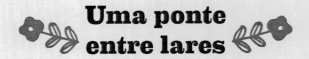

No início de 1931, Frida e Diego voltaram para o México. O casal brigava muito. Diego decidiu

MOMENTO – DE – REFLEXÃO

Como você mostra sua tristeza ou frustração? Você desenha, escreve ou faz outra coisa para expressar esses sentimentos?

construir duas casas conectadas por uma ponte em São Ángel, na Cidade do México. Cada uma tinha um espaço privativo, mas ainda assim os dois podiam se visitar facilmente. O lado de fora da casa de Frida era pintado de azul, igual a *La Casa Azul*.

Em novembro, o Museu de Arte Moderna de Nova York decidiu organizar uma exposição dos trabalhos de Diego. O casal Rivera viajou de barco do México para Nova York.

MITO & FATO

Frida tornou-se famosa por causa de Diego Rivera.

O talento de Frida e suas relações com outros artistas a tornaram famosa.

Em Nova York, Frida sentia muita saudade de casa, então ela pintou *Meu vestido pendurado ali*. A pintura mostra um varal que se estende pela cidade de Nova York. O traje tradicional mexicano de Frida está pendurado nele. O quadro também mostra latas de lixo, banheiros e prédios em chamas. Frida não parecia gostar da cidade. Seu corpo e suas roupas estavam nos Estados Unidos, mas seu coração e sua alma permaneciam no México.

Em 1932, Diego foi convidado a pintar um mural no Instituto de Artes de Detroit, em Michigan. O casal Rivera fez as malas novamente e se mudou

para Detroit. Frida já estava cansada dos Estados Unidos. Ela realmente queria voltar para o México, e foi muito sincera ao dizer a Diego como se sentia.

Quando os dois finalmente voltaram para o México e se estabeleceram nas duas casas, Frida passou a pintar muito mais. As pessoas começaram a ver que Diego não era o único que pintava bem — ela também era uma grande artista! A Universidade do México a convidou para expor seus trabalhos em uma mostra coletiva. Lá, um homem que trabalhava em uma galeria de Nova York viu as pinturas de Frida. Ele perguntou a ela se poderia incluir alguns de seus quadros em uma exposição em Nova York. Frida começou imediatamente a pintar!

QUANDO?

CAPÍTULO 5
A VEZ DE FRIDA BRILHAR

Frida em Nova York

Em 1938, a arte de Frida fez parte de uma exposição na cidade de Nova York. Finalmente ela estava sendo vista fora do México como pintora, e não apenas como a esposa de um artista. Essa viagem estava acontecendo por causa da arte de Frida. Era uma das primeiras vezes que um artista mexicano fazia uma exposição fora do México! Como Frida era uma mulher, o evento foi ainda mais surpreendente!

O trabalho dela era diferente de tudo o que as pessoas já tinham visto. Sua arte se destacava. E Frida também. Ela não se importava se as pessoas ficassem **ofendidas** com suas pinturas. Ela era forte e confiante. Não mudava de opinião e não abria mão de sua arte ou de sua tradicional vestimenta mexicana para se adaptar ao modo de viver dos

nova-iorquinos. Metade dos quadros de Frida foi vendida na exposição de Nova York!

Algumas pessoas se perguntavam se Frida era **surrealista**. O artista surrealista é aquele que pinta coisas reais de um jeito que as faz parecer irreais, como se elas viessem de um sonho ou de um pesadelo. Mais tarde, outros chamaram a arte de Frida de **realismo mágico**, porque ela pintava coisas reais com um toque de magia. Por exemplo, em *O veado ferido,* ela pintou um cervo realista que tinha uma cabeça humana! Outros ainda diziam que as obras-primas de Frida eram simbólicas porque pareciam contar histórias ocultas.

> Pensaram que eu fosse surrealista, mas eu não era. Nunca pintei sonhos ou pesadelos. Pintei minha própria realidade.

Frida dizia que simplesmente pintava o que achava que era o seu mundo de verdade. Ela se sentia com duas vidas e dois corações. Tentou mostrar isso em *As duas Fridas*, em que pintou o que parece ser duas irmãs gêmeas Fridas, de mãos dadas e seus corações conectados por uma longa veia.

Após o sucesso de Frida em Nova York, o Museu do Louvre, em Paris, na França, comprou um dos seus autorretratos. Para essa peça, Frida utilizou diferentes materiais, como alumínio, junto com tintas coloridas. Esse autorretrato, chamado *A moldura*, tornou-se, em 1939, parte da coleção permanente do Louvre. Frida foi a primeira artista mexicana do século 20 a ter um quadro nas galerias desse museu!

Em Paris!

Quando chegou a hora de ir a Paris para uma exposição em uma galeria, Frida viajou sozinha. Diego ficou no México. Ela estava se sentindo mais confiante do que nunca porque muitas pessoas gostavam de seu trabalho. Frida era extrovertida e fazia muitos amigos em todo o mundo. Ela ficou muito amiga de uma artista norte-americana chamada **Georgia O'Keeffe**.

As duas escreviam cartas uma para a outra e se visitavam às vezes.

Em Paris, vários artistas famosos, como **Joan Miró** e **Pablo Picasso**, foram à exposição de Frida e deram parabéns a ela. Os **curadores** e os visitantes do museu adoraram o estilo colorido de Frida se vestir, a singularidade de sua arte, suas sobrancelhas grandes e grossas e sua atitude positiva.

MOMENTO DE REFLEXÃO

Como você acha que num grupo de artistas, igual ao dos amigos de Frida, eles incentivam uns aos outros? Você tem um grupo que o incentiva em alguma coisa?

Frida teve um passado difícil, mas fez uma limonada desse limão: ela criou arte onde havia dor e solidão.

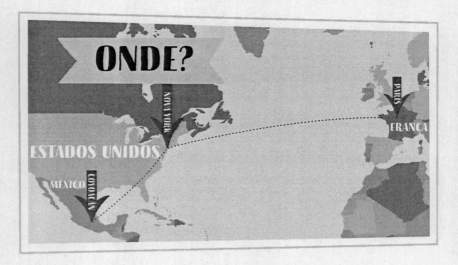

Frida se tornou parte de um grupo crescente de artistas em Paris, cuja maioria era formada por homens. Mesmo apoiando o trabalho de Frida, Diego sentia falta da esposa e queria que ela voltasse para casa. Porém, depois que ela retornou, Frida e Diego continuaram a brigar com bastante frequência.

Frida fazia muito sucesso no mundo da arte, mas seu casamento estava fracassando. Ela ainda

sentia dores na perna direita e na coluna. Agora ela estava usando uma bengala para andar. Forte e determinada, Frida não desistiu. Ela sabia que poderia enfrentar o que a vida lhe trouxesse.

Frida faz sua primeira exposição individual em Nova York.

Frida expõe em Paris.

1938 — 1939 — QUANDO?

CAPÍTULO 6

A FAMA ENCONTRA FRIDA

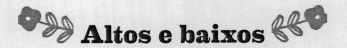

Altos e baixos

Frida retornou ao México em 1939, sentindo muita saudade de sua terra natal. Ela e Diego decidiram voltar para a casa de infância de Frida, a Casa Azul. Eles tinham muitos animais, como macacos-aranha, um cervo e vários cães. Como Frida pintava o que via ao seu redor, ela incluía muitos de seus animais em suas obras de arte. Ela e seus bichinhos estavam se tornando famosos!

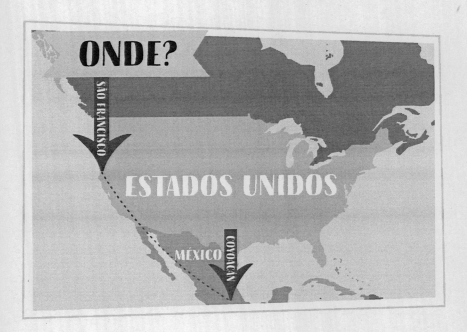

Enquanto sua carreira como artista estava indo muito bem, seu casamento naufragava. Depois de muitos anos de brigas e discussões, Frida e Diego decidiram se divorciar. Diego saiu da Casa Azul e voltou para uma de suas casas em São Ángel. Com o coração partido, Frida pintou sua dor em uma obra de arte chamada *A mesa ferida*. O quadro mostra uma mesa sangrando com pernas humanas. Alguns dizem que ele simboliza os sentimentos de Frida a respeito do fim do casamento.

> ## Pés? Para que eu preciso deles se tenho asas para voar?

A saúde de Frida também estava piorando. Ela tinha muita dificuldade para andar por causa das dores na coluna e nas pernas.

A piora na saúde de Frida

Apenas um ano depois, a saúde de Frida estava muito pior. Os médicos no México queriam operar sua coluna. Frida quis ouvir a opinião do dr. Eloesser antes de tomar uma decisão. Ela foi consultá-lo em São Francisco, onde Diego, por acaso, estava pintando outro mural. Mesmo divorciados, Frida e Diego mantinham contato. Eles ainda se amavam profundamente.

O dr. Eloesser disse a Frida que ela não precisava de cirurgia, e sim de repouso. Ele também a convenceu a se casar de novo com Diego. No dia em que Diego completou 54 anos, 8 de dezembro de 1940, os dois se casaram pela segunda vez. Frida estava feliz por ter se unido a Diego novamente. Ela e o marido retornaram à Casa Azul. Lá, Frida poderia descansar e se curar.

> **MOMENTO DE REFLEXÃO**
>
> A Casa Azul era um lugar onde Frida se sentia segura e feliz. Você tem um lugar assim na sua vida?

Apesar de Frida estar presa à cama em casa, suas pinturas continuaram a viajar pelo mundo. Em 1940, sua arte foi incluída em uma mostra no Instituto de Arte Contemporânea de Boston, em Massachusetts. O *Autorretrato com trança* foi exibido numa exposição no Museu de Arte Moderna de Nova York, chamada *Retratos do Século 20*.

Enquanto Frida estava se recuperando, seu pai faleceu de repente, em 1941. Os dois eram tão próximos que a morte dele deixou Frida em um profundo estado de depressão. As únicas coisas que a faziam se sentir melhor eram a Casa Azul, todos os seus animais e, acima de tudo, sua arte.

A vida seguiu sem seu amado pai, e Frida continuou a pintar. Ela sabia que era isso que ele queria que ela fizesse. Galerias e museus pelo mundo todo pediam para exibir seus trabalhos. Frida começou a ensinar arte, o que encheu sua alma com um tipo diferente de felicidade. Ela havia tido Diego e muitos professores no mundo da arte. Agora, poderia ensinar outros jovens artistas!

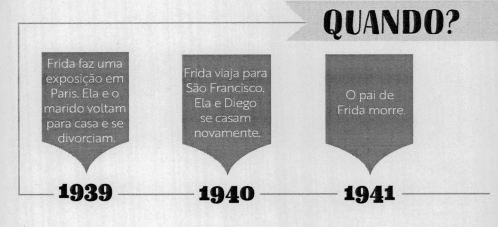

QUANDO?

Frida faz uma exposição em Paris. Ela e o marido voltam para casa e se divorciam.
1939

Frida viaja para São Francisco. Ela e Diego se casam novamente.
1940

O pai de Frida morre.
1941

CAPÍTULO 7

UMA LUTADORA ATÉ O FIM

A aluna torna-se professora

Quando Frida começou sua carreira como artista, Diego era como um professor para ela, e ela era como uma aluna. Anos mais tarde, Frida se tornou professora na Escola Nacional de Pintura, Escultura e Gravura na Cidade do México (conhecida como *La Esmeralda*). Os alunos amavam Frida e admiravam muito o trabalho dela. Eles chamavam a si mesmos de *Los Fridos*, ou "Os Fãs de Frida". Infelizmente, depois de ter lecionado poucos meses, a saúde de Frida piorou. Mas ela estava determinada a continuar ensinando. Convidou, então, os alunos para aulas na Casa Azul, para que ela pudesse também descansar e cuidar da saúde.

MOMENTO – DE – REFLEXÃO

Por que é importante que aqueles que já foram alunos se tornem professores?

Frida continuou pintando e exibindo seus trabalhos no México. Duas pinturas importantes dessa fase foram *Raízes*, um quadro que mostra a conexão entre Frida e o México, e *Autorretrato com macaco*. Frida nunca perdeu o amor pelos animais, e essa pintura mostrou isso!

A última exposição

Frida sempre quis fazer uma exposição individual no México, seu amado país. Finalmente, em 1953, uma mostra de sua obra foi organizada em uma galeria de arte moderna na Cidade do México. Frida estava tão doente que o médico lhe disse que ela precisava ficar de cama. Sempre muito esperta, Frida pediu que alguns homens a levassem em uma maca para a galeria, onde fez uma entrada triunfal. Lá, eles a colocaram em sua cama de dossel, que havia sido trazida antes. Dessa forma, ela ficou na cama e não perdeu

sua festa de abertura. Frida disse a seu médico que tinha seguido as ordens dele e ficado na cama... só que ela levou a cama para a exposição!

O corpo de Frida foi ficando cada vez mais fraco, e ela não suportou a dor por mais tempo. Para tristeza de todos, ela morreu na Casa Azul em 13 de julho de 1954. Sua morte aconteceu apenas alguns dias depois que ela completou 47 anos. Como Frida era um exemplo de força e talento, além de ser tão surpreendente, seu corpo foi velado no Palácio de Belas Artes na Cidade do México para que o público pudesse se despedir. Frida foi tão importante para a arte mexicana que todos quiseram homenageá-la e ter a chance de dizer adeus.

O trabalho artístico de Frida mudou nosso mundo. Sua fama chamou a atenção para o México e ajudou as mulheres artistas ao redor do mundo a ganharem mais respeito. Uma de suas últimas pinturas foi batizada de *Viva a vida*. Embora Frida tenha partido, sua memória e sua arte vivem em museus e escolas de arte em todo o mundo até hoje.

Frida poderia ter guardado sua arte para si mesma e ser conhecida apenas como a esposa de um famoso muralista. Poderia ter deixado os infortúnios e a saúde precária abatê-la. Mas ela fez o oposto disso. Frida usou sua dor e tristeza para pintar belos autorretratos e contar histórias por meio da arte. E, então, compartilhou tudo isso

com o mundo. Seu trabalho mostrou a beleza do México para pessoas do mundo inteiro. Ajudou a tornar conhecidas uma artista e suas lutas.

Por intermédio de sua arte, Frida não se intimidava ao se manifestar sobre fatos como a poluição em Nova York ou a Revolução Mexicana. Hoje, Frida Kahlo não é conhecida apenas por sua obra ou por suas sobrancelhas — ela é conhecida por sua coragem e pela capacidade de ter enfrentado fases tão difíceis de sua vida. Depois de sua morte, o trabalho artístico de Frida ganhou ainda mais atenção. Suas obras-primas estão expostas em museus de São Francisco, Boston, Nova York, Paris e, claro, da Cidade do México.

¡Viva Frida!

QUANDO?

CAPÍTULO 8

MAS, AFINAL... QUEM FOI FRIDA KAHLO?

Desafio aceito!

Agora que você sabe bastante sobre a vida e a obra de Frida, vamos testar seus novos conhecimentos em um questionário do tipo quem, o quê, quando, onde, por quê e como. Pode consultar o texto para encontrar a resposta se for preciso, mas antes tente se lembrar.

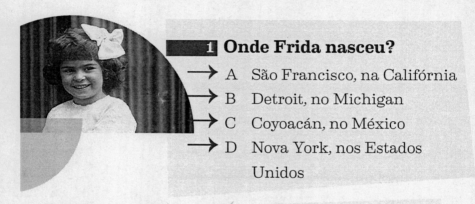

1 Onde Frida nasceu?
→ A São Francisco, na Califórnia
→ B Detroit, no Michigan
→ C Coyoacán, no México
→ D Nova York, nos Estados Unidos

2 Que doença Frida contraiu quando tinha apenas 6 anos de idade?
→ A Sarampo
→ B Poliomielite
→ C Caxumba
→ D Catapora

3 **Por que Frida pintava deitada?**
→ A   Ela estava doente e ferida, então foi obrigada a ficar na cama
→ B   Ela não gostava de ficar de pé
→ C   Ela era preguiçosa
→ D   Seus pais a obrigaram

4 **Quem era o marido de Frida?**
→ A   Pablo Picasso
→ B   Joan Miró
→ C   Auguste Rodin
→ D   Diego Rivera

5 **Quantos anos tinha Frida quando conheceu seu futuro marido na escola?**
→ A   12
→ B   18
→ C   15
→ D   21

6 **O que Frida gostava de pintar?**

→ A   Animais e autorretratos

→ B   Mapas e montanhas

→ C   Sorvete e iglus

→ D   A lua e o sol

7 **Quando e onde Frida fez sua primeira exposição individual no México?**

→ A   1907, na Casa Azul

→ B   1953, na Galeria de Arte Contemporânea na Cidade do México

→ C   1930, nas casas com uma ponte entre elas

→ D   1922, em sua escola do ensino médio

8 **Por que Frida é considerada um exemplo a ser seguido?**

→ A   Ela foi uma das primeiras mulheres artistas mexicanas a serem reconhecidas

→ B   Ela usava uma bengala

→ C   Ela era uma famosa cantora de ópera

→ D   Ela se casou com um artista renomado

9 **Quais as três cidades que exibiram a arte de Frida?**

→ A São Francisco, na Califórnia; Filadélfia, na Pensilvânia; e Roma, na Itália
→ B Detroit, no Michigan; Taos, no Novo México; e São José, na Costa Rica
→ C Paris, na França; Cidade do México, no México; e Nova York, nos Estados Unidos
→ D Miami, na Flórida; Cidade do México, no México; e Maui, no Havaí

10 **De quem Frida era muito próxima?**

→ A De uma filha dela
→ B Da mãe dela
→ C De um primo dela
→ D Do pai dela

Respostas: 1. C; 2. B; 3. A; 4. D; 5. C; 6. A; 7. B; 8. A; 9. C; 10. D

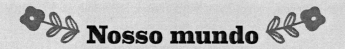

Nosso mundo

A vida e o trabalho de Frida mudaram nosso mundo. Vamos ver algumas coisas que são diferentes por causa da maneira como Frida viveu e criou sua arte.

→ As mulheres artistas são muito mais famosas agora do que eram antes da época em que Frida viveu. Elas também ganham mais dinheiro com a arte que criam. Em 1977, os administradores dos bens de Frida venderam seu primeiro quadro por apenas 19 mil dólares. Em 2016, uma de suas pinturas alcançou o valor de 8 milhões! Pouco antes do nascimento de Frida, quase nunca era permitido que as mulheres exibissem seu trabalho em museus. Hoje em dia, as mulheres representam 46% do total de todos os artistas reconhecidos.

→ A cultura e os símbolos mexicanos têm se tornado, cada vez mais, parte da cultura norte-americana. Hoje vemos *papel picado*, pombas e outros símbolos mexicanos em escolas, restaurantes e museus. Isso se deve de certa forma ao fato de as pessoas terem migrado do México para os Estados Unidos. Mas o fato de Frida ter usado esses símbolos também ajudou o mundo a entender o que eles significam e a acolhê-los.

→ Às vezes as esposas se colocam atrás de seus maridos, como se fossem a sombra deles. Frida se destacou em relação a Diego e conquistou uma reputação. Seu exemplo tem ajudado as mulheres a se concentrarem nas próprias carreiras e talentos. A personalidade de Frida e o desejo de contar sua história por meio da arte têm inspirado muitas outras mulheres (e homens) a fazer o mesmo, cada um do seu jeito.

Agora vamos pensar um pouco mais sobre o que Frida fez e como sua arte e sua coragem afetaram o mundo em que vivemos atualmente.

> → De que maneira o trabalho artístico de Frida e sua dedicação a ele ajudaram outros artistas a serem conhecidos e a brilhar?

> → De que maneira a determinação de Frida diante de sua doença e lesões a inspirou a superar tempos difíceis?

> → De que maneira os autorretratos de Frida permitiram que ela contasse a história de sua vida? Como você poderia contar sua história? Por escrito? Com uma música ou outro tipo de arte?

Glossário

autorretratos: Pintura, escultura ou fotografia que um artista cria retratando a si mesmo

curadores: Pessoas que se reúnem para cuidar da arte em um museu, um zoológico ou outro lugar

exposições: Mostras de obras de arte realizadas em galerias ou museus

Georgia O'Keeffe: Artista americana conhecida por pintar flores grandes, ossos (ou caveiras), arranha-céus de Nova York e paisagens do Novo México

governo: As regras, o sistema e as pessoas que administram um país, estado, cidade ou comunidade local

imigrante: Uma pessoa que se muda para outro país e se instala nele

Joan Miró: Pintor, escultor e ceramista espanhol nascido em Barcelona

microscópio: Ferramenta que amplia pequenos objetos difíceis de enxergar

ofendido: Alguém que fica aborrecido por alguma coisa que outra pessoa diz ou faz

Pablo Picasso: Famoso pintor espanhol que usava técnicas como colagem e mistura de materiais. Ele pintou muitos quadros usando a cor azul e muitos com cubos e rostos em 3D.

poliomielite: Doença causada por um vírus que pode enfraquecer os músculos, provocar dores musculares e às vezes levar à morte

política: O meio pelo qual grupos de pessoas (como países, cidades, escolas ou empresas) tomam decisões sobre regras e leis

realismo mágico: Pintura de cenas imaginárias ou de fantasia em estilo realista

Revolução Mexicana: Uma guerra civil no México que começou quando algumas pessoas tentaram derrubar o ditador Porfirio Díaz, em 1910. Terminou quando um novo partido político assumiu o controle do país, na década de 1930.

símbolos/simbolismo: Meio de expressão em que um objeto toma o lugar de uma ideia ou de outro objeto. Os símbolos geralmente representam ou significam algo.

surrealistas: Grupo de artistas do século 20 que pintava coisas reais de maneiras que as faziam parecer irreais, como se elas viessem de um sonho ou de um pesadelo

Agradecimentos

Antes de mais nada, quero homenagear a memória de Frida Kahlo por ser uma alma tão talentosa e ousada, sempre independente e criativa. Foi uma inspiração e uma honra pesquisar e escrever sobre ela, com quem compartilho a herança judaico-húngara, o amor pela arte e as estadas em muitos dos mesmos lugares — Detroit, São Francisco e América Latina. Agradeço à minha incrível editora, Orli, que me confiou este livro e me guiou de maneira generosa, precisa e determinada. Quero agradecer aos meus pais, Janice e Ray, pelo incentivo. Ao meu irmão, Steve, obrigada! Meus cumprimentos ao nosso talentoso grupo de escritores — Andrew, Brandi, Evan, Kyle e Sonia. Em memória de minha avó Grace, minha tia Judy, Joe McClain e minha mentora, Ilse. Aos meus sobrinhos Sam, Jacob e David, e minha sobrinha, Sofia. Obrigada a toda a equipe Callisto! Sou incentivada pela família e pelos amigos: Michelle G., Susan, Ann e Greg, Danielle, Jeanne, Deborah, Laurie, Tanya, Carla, Julia e Ira, Maureen, Amparo, Michael, Ricardo, Alejandra, Arden, Jen, Tami, Karen, Annie, Crystal, Bryan, Jessica, Marji, Marcy, Lara, Anita e Bob, Jerry, Nena e Mel, Jami, Stacy e Rick, Michelle R., Chalmers, Violeta, Diana y Juanca e Sylvia Boorstein.

—SBK

Bibliografia

Brooks, Mike. "Cronology". *Frida Kahlo Fans*. Acesso em 25 de setembro de 2019. http://www.fridakahlofans.com/chronologyenglish.html.

Frida Kahlo Foundation. "Biography". http://www.frida-kahlo-foundation.org/biography.html.

Grimberg, Salomon. *Frida Kahlo: Song of Herself*. London: Merrell, 2008.

Herrera, Hayden. *Frida: A Biography of Frida Kahlo*. New York: Harper Perennial, 2002.

Kahlo, Frida. *Diary of Frida Kahlo: An Intimate Self-Portrait*. New York: Abrams, 2005.

Schulmann, Didier. "Frida Kahlo in Paris". Acesso em 5 de outubro de 2019. https://artsandculture.google.com/theme/8gIi85WrSrdVLw.

Sills, Leslie. *Inspirations: Stories About Women Artists: Georgia O'Keeffe, Frida Kahlo, Alice Neel, and Faith Ringgold*. New York: Albert Whitman and Company, 1989.

Wikiquote. "Quotes of Frida Kahlo: 1925-1945". Acesso em 22 de setembro de 2019. https://en.wikiquote.org/wiki/Frida_Kahlo.